LOUIS GUIBERT

MONUMENTS HISTORIQUES

RAPPORT DE LA COMMISSION

CHARGÉE D'EXAMINER A NOUVEAU LA LISTE DES MONUMENTS HISTORIQUES

et de dresser la nomenclature

des objets mobiliers auxquels il y a lieu d'appliquer les articles 8 à 13

de la loi du 30 mars 1887

LIMOGES

IMPRIMERIE-LIBRAIRIE LIMOUSINE

Vᵉ H. DUCOURTIEUX

Libraire de la Société archéologique et historique du Limousin

7, RUE DES ARÈNES, 7

1889

LOUIS GUIBERT

MONUMENTS HISTORIQUES

RAPPORT DE LA COMMISSION

CHARGÉE D'EXAMINER A NOUVEAU LA LISTE DES MONUMENTS HISTORIQUES

et de dresser la nomenclature

des objets mobiliers auxquels il y a lieu d'appliquer les articles 8 à 13
de la loi du 30 mars 1887

LIMOGES
IMPRIMERIE-LIBRAIRIE LIMOUSINE
Vᵉ H. DUCOURTIEUX
Libraire de la Société archéologique et historique du Limousin
7, RUE DES ARÈNES, 7

1889

MONUMENTS HISTORIQUES

RAPPORT DE LA COMMISSION (1) chargée d'examiner à nouveau la liste des Monuments Historiques et de dresser la nomenclature des objets mobiliers auxquels il y a lieu d'appliquer les articles 8 à 13 de la loi du 30 mars 1887.

En 1873, la Société a été appelée à signaler au Gouvernement ceux des édifices anciens de la Haute-Vienne qui paraissaient, en raison de leur antiquité ou de leur caractère artistique, devoir être compris au nombre des monuments protégés par une législation spéciale et méritant au plus haut degré d'appeler la sollicitude de l'État. Rapporteur de la Commission chargée de dresser ce travail (2), je ne crois pas inutile d'en remettre sous vos yeux les conclusions, au début du nouveau rapport qu'à quinze années d'intervalle je suis appelé à vous présenter.

Nous demandions — la Commission était composée de MM. l'abbé Arbellot, président de la Société ; Boulanger, architecte ; Louis Guibert ; l'abbé Lecler ; Nivet-Fontaubert et le chanoine Tandeau de Marsac — que la nomenclature des monuments classés s'enrichît de quelques édifices dignes à divers titres d'y figurer, et dont l'absence, sur cette liste, ne s'expliquait point.

Il ne paraît pas avoir été tenu compte de ces propositions ; celles-ci nous semblaient pourtant répondre à la pensée qui avait inspiré la circulaire ministérielle réclamant ce relevé à l'autorité administrative et à la Société archéologique. L'insuffisance des crédits affectés à la restauration et à l'entretien des édifices classés a peut-être été la seule raison pour laquelle nos propositions n'ont pas été accueillies ; nous devons donc profiter de toutes les occasions pour les rappeler, les reproduire et y insister.

(1) Cette commission se composait de MM. le chanoine Arbellot ; Louis Bourdery, peintre émailleur ; Ch. Geay, architecte, inspecteur des édifices diocésains ; Louis Guibert ; l'abbé Lecler ; Ch. Nivet-Fontaubert, et Jules Tixier, architecte.

(2) Séance du 20 décembre 1873. Ce rapport se trouve inséré au t. XXII, p. 165 du *Bulletin* de la Société.

En second lieu, nous adressions au Gouvernement une demande instante pour la prompte restauration de l'église collégiale de Saint-Léonard, — du clocher en particulier, — et de l'abbatiale de Solignac. Ces deux églises, qui figurent sur la première liste des monuments classés, étaient, il y a quinze ans, dans un état de délabrement de nature à inspirer à tous les amis de l'art, de l'archéologie et des souvenirs historiques, les plus sérieuses inquiétudes.

Sur ce point, il a été donné, dans une certaine mesure, satisfaction à notre requête. Après l'achèvement des travaux de réparation exécutés aux églises du Dorat et de Saint-Yrieix, le service des Monuments historiques a fait rebâtir en partie le beau clocher de Saint-Léonard (1), — et la nef, le transsept et l'abside de Solignac ont été l'objet de travaux de consolidation et d'assainissement devenus d'une urgence absolue.

Malheureusement, pour quelques édifices, la situation a empiré : elle est telle, pour la collégiale de Saint-Léonard, par exemple, que l'Etat doit s'en préoccuper sans retard, — sinon nous sommes menacés de voir avant longtemps ce précieux spécimen de l'architecture romane, avec son intéressant vaisseau et son rare baptistère, tomber en ruines au pied du clocher reconstruit.

Pour effectuer les travaux nécessaires, indispensables, il faut de l'argent, beaucoup d'argent. Pour prononcer le classement des édifices qu'il est d'un réel intérêt de conserver, de signaler tout au moins à l'attention, à la sollicitude des autorités locales et des populations, il n'est pas besoin de ressources et de crédits. Quelle que soit la situation financière, on peut obtenir du Gouvernement tout au moins la reconnaissance, la proclamation de la valeur de ces édifices ; ce sera pour eux une première garantie, une première sauvegarde. — Répétons-le : la Haute-Vienne possède un certain nombre de monuments d'un haut intérêt qui ne sont pas encore déclarés « monuments historiques », et que nous devons nous efforcer de faire comprendre dans la nomenclature de ces édifices privilégiés, ne dussent-ils, de ce classement, retirer de longtemps d'autre avantage que la possession d'un titre.

D'après le dernier relevé des *Monuments historiques* mis à notre disposition, le département possède seulement *neuf* églises ou châteaux qui aient été jugés dignes d'y figurer. Ce sont :

(1) La Société a concouru, par une souscription de cent francs, à la dépense de ces travaux ; elle avait antérieurement voté une allocation de mille francs pour la continuation de la Cathédrale.

1° Les ruines du château de Châlucet (propriété particulière)(1);
2° L'église du Dorat (propriété communale);
3° L'église cathédrale de Limoges (propriété de l'Etat);
4° Le château de Rochechouart (propriété départementale);
5° L'église de Rochechouart (propriété communale);
6° L'église de Saint-Junien (propriété communale);
7° L'église de Saint-Léonard (propriété communale);
8° L'église de Saint-Yrieix (propriété communale);
9° L'église de Solignac (propriété communale).

L'église de Rochechouart, nous le faisions déjà remarquer il y a quinze ans, n'a pu être introduite dans cette liste que par l'effet d'une erreur, ou plutôt à la faveur de condescendances administratives remontant à bien des années. Il s'agissait, sans doute, de faciliter l'allocation d'un crédit sollicité du Gouvernement pour la réparation de cette église. Celle-ci a, croyons-nous, bénéficié de ce caractère officiel de monument historique dans le passé. Comme elle ne pourrait en bénéficier, dans l'avenir, qu'au détriment d'autres édifices plus intéressants à tous égards et plus précieux qu'elle, nous croyons devoir demander de nouveau sa radiation de la liste des monuments historiques. Elle n'a aucun titre à y figurer.

Par contre, nous sollicitons de nouveau, et avec instance, l'adjonction, à la nomenclature officielle, des édifices ci-après :

1° Eglise d'Eymoutiers, — XII° au XV° siècles — propriété communale, dont le classement est demandé depuis 1841 : la valeur exceptionnelle de ses vitraux suffirait à la signaler à l'attention toute particulière du Gouvernement.

2° Eglise du Chalard, — XI° et XII° siècles — propriété communale. Classement demandé en 1873, et depuis, en 1885, par M. Geay, à trois inspecteurs généraux : MM. Ruprich-Robert, Bruyerre et Lisch (2).

3° Eglise de Châteauponsac, — édifice du XI° siècle, récemment réparé; plan curieux, abside intéressante; débris antiques utilisés dans la construction. Propriété communale. Classement demandé depuis 1847.

4° Clocher de l'église de Saint-Pierre de Limoges, — XIV° siècle — type intéressant et heureusement proportionné des clochers limousins de grandes dimensions. Propriété communale. Classement demandé en 1873.

(1) Châlucet appartient à M. Ch. de Thézillat, ancien préfet.
(2) Bien que l'édifice n'ait pas été classé, le Ministre de l'Instruction publique et des Beaux-Arts a alloué, il y a peu d'années, un crédit pour des réparations exécutées à l'église du Chalard.

5° Château de Montbrun, — XII° au XV° siècles. — Récemment réparé. Propriété particulière (1). Classement demandé en 1873.

6° Eglise des Salles-La-Vauguyon, — XI° et XII° siècles — propriété communale. Classement demandé depuis 1847.

7° Tours de Châlus, — XII° et XIII° siècles — propriété particulière (2). Classement déjà plusieurs fois demandé.

8° Chapelle gothique de Notre-Dame-du-Pont, à Saint-Junien.

Nous désirerions aussi le classement de quelques monuments mégalithiques. Bien qu'ils appartiennent à des particuliers, ils ont le caractère d'immeubles et peuvent par suite être compris dans ce classement, aux termes de l'article 3 de la loi du 30 mars 1887. Nous signalerons plus particulièrement les suivants :

Dolmen et petit menhir de Cognac, près Saint-Laurent-sur-Gorre (dessin à l'*Album* de Tripon).

Menhir de Villemonteys, près Bujaleuf.

Menhir de Cinturat, commune de Cieux.

Dolmen de Bagnol, commune de Fromental.

Dolmen de Borderie, commune de Berneuil.

Dolmen de Poujol, près Eybouleuf.

Dolmen de La Roche-l'Abeille.

Le classement est le seul moyen d'assurer la conservation de ces monuments. La même mesure devrait être prise à l'égard des restes de Courbefy et des camps de Saint-Denis-des-Murs et du Grand-Fâ, près Magnac-Laval.

Il est une catégorie de petits monuments qui ne sont pas, à proprement parler, particuliers au Limousin, mais qu'on ne trouve en aucune contrée de l'Europe aussi répandus, aussi caractérisés, et sur lesquels il nous paraît indispensable d'appeler d'une manière toute spéciale la sollicitude du Gouvernement avec son attention. Lui seul peut efficacement intervenir, auprès des maires peu instruits ou peu soucieux de la conservation des restes archéologiques, pour empêcher la destruction de ces petits édifices, presque tous propriétés des communes, et dont un certain nombre déjà ont disparu. Nous voulons parler des fanaux funéraires, souvent désignés sous le nom de « Lanternes des morts », et qui ont été tout spécialement étudiés par notre laborieux et érudit confrère, M. l'abbé Lecler, curé de Compreignac (3).

(1) Ce château appartient à MM. de Labonne.
(2) Propriété de M. le Comte de Bourbon-Busset.
(3) A. Lecler, *Les Fanaux en Limousin*. — Limoges, Chapoulaud, 1863. — A. Lecler, *Etudes sur les Lanternes des morts*. — Limoges, Ducourtieux, 1882; — 2 broch. in-8°.

Il n'y a pas bien longtemps, le département de la Haute-Vienne possédait encore dix au moins de ces édicules, appartenant presque tous aux xii°, xiii° et xiv° siècles. C'étaient :

Arrondissement de Bellac :

Le fanal de Saint-Amant-Magnazeix (carré) ;
Celui de Saint-Barbant (octogone) ;
Celui de Montrol-Sénard (base carrée, transformée en chapelle par l'aveuglement des arcades) ;
Celui d'Oradour Saint-Genest (octogone) ;
Celui de Rancon (rond).

Arrondissement de Rochechouart :

Celui de Cognac (carré) ;
Celui d'Oradour-sur-Glane (carré) ;
Celui de Saint-Victurnien (carré).

Arrondissement de Saint-Yrieix :

Celui de Coussac-Bonneval (octogone);
Celui de Vicq (carré, surmontant la chapelle de l'ancien cimetière).

Ce dernier vient d'être jeté par terre, malgré l'intervention de la Société archéologique. Celui de Coussac-Bonneval, qui est un des types les plus caractéristiques et les plus complets de ce genre de monuments, tombe aujourd'hui en ruines. Le Conseil municipal, sollicité par la Société archéologique et l'Administration préfectorale, qui a bien voulu prêter son concours à nos vues, a déclaré ne pas avoir, quant à présent, de ressources disponibles pour faire restaurer ce précieux spécimen de nos anciens fanaux funéraires. Votre Bureau, désireux de conserver ce monument, a proposé d'entreprendre lui-même cette restauration, dont consentirait à se charger M. Jules Tixier, architecte, un de nos plus zélés confrères. La Société en ferait tous les frais ; mais à cette offre, que nous avons prié M. le Préfet de la Haute-Vienne de vouloir bien transmettre à l'Administration et au Conseil municipal de Coussac, nous avons cru devoir mettre une condition expresse : la cession de la propriété de l'édicule à la Société archéologique ou au Département (1).

---

(1) Cette proposition a été acceptée : le Conseil municipal de Coussac par une délibération du 12 août 1888, approuvée par l'Administration préfectorale, a cédé à la Société archéologique la propriété du fanal, à la condition de réparer le petit monument et de l'entretenir en bon état.

Nous pouvons ajouter que nous nous sommes rendus tout récemment à Coussac, avec MM. Jules Tixier et Paul Ducourtieux, pour constater l'état du monument et dresser le devis des réparations à exécuter.

La loi du 30 mars 1887 a permis au Gouvernement d'étendre aux objets mobiliers qui sont la propriété de l'État, des départements, des communes, des fabriques et autres établissements publics, les mesures de protection dont seuls bénéficiaient jadis les immeubles. Les objets classés ne pourront être aliénés sans une autorisation administrative. Leur vente, dans des conditions irrégulières, sera nulle et pourra donner ouverture à une action en dommages intérêts. Aucune restauration ou réparation ne devra être effectuée à ces objets sans certaines formalités.

L'application de ces mesures pourra, nous ne nous le dissimulons point, donner lieu à des ingérences abusives et à des tracasseries. Néanmoins, on ne saurait qu'applaudir à la pensée qui a dicté la loi de 1887. Nulle contrée en France n'a eu autant à souffrir que la nôtre des déprédations intelligentes et des effets de la sollicitude éveillée des brocanteurs. N'oublions pas l'enlèvement et la disparition de la châsse de Laguenne; des morceaux les plus précieux qui constituaient la décoration d'orfèvrerie du grand rétable de Grandmont; d'une multitude de reliquaires, de sculptures, de fragments sans prix. N'oublions pas que la résistance énergique d'un curé et l'émotion pieuse de toute une population purent seules faire rompre le marché passé par la fabrique d'Ambazac pour la vente de sa magnifique fierte. Rappelons-nous que, parmi les morceaux décrits ou signalés, il y a moins de quarante ans, par l'abbé Texier, plusieurs ont disparu : une des deux croix émaillées de Jouac, notamment, et la croix à filigranes de La Meyze. A l'église de Bersac, il n'y a plus aucun reliquaire ancien; à Nedde, plus rien; à Lussac-les-Églises, plus rien... Tout récemment une intéressante châsse du département de la Creuse, qui se trouvait, en 1886, exposée dans les vitrines de l'hôtel-de-ville de Limoges, n'était-elle pas offerte à divers brocanteurs de Paris?...

N'avons-nous pas entendu parler de certains trafics regrettables qui ont eu lieu récemment dans quelques paroisses des environs de Limoges... En présence de ces faits, reconnaissons l'utilité de la loi et n'hésitons pas à donner à son exécution notre concours le plus complet. Il s'agit d'assurer la conservation, dans le pays, d'objets d'art ou de restes archéologiques précieux à divers titres. La Société, en travaillant dans ce but, remplira une de ses fonctions essentielles, la mission propre en vue de laquelle ses fondateurs l'ont établie.

Si nous nous en tenions à la formule, élastique sans doute, mais trop étroite en soi, de l'article 8 de la loi du 30 mars 1887, nous n'aurions qu'un bien petit nombre d'objets à signaler au ministère de l'Instruction publique et des Beaux-Arts. Pour très peu, en effet, de nos reliquaires, de nos sculptures, de nos émaux, il est permis de parler de *l'intérêt national* qui s'attache à leur conservation. Toutefois, si l'on veut entendre ces termes dans leur sens le plus large, on en arrivera à reconnaître que tout spécimen rare et caractéristique des arts ou de l'industrie est un document précieux pour l'histoire du peuple qui l'a produit ou acquis d'ancienne date. Nous croyons que telles sont bien la signification et la portée qu'il faut donner à l'article 8 de la loi, et cette interprétation a déterminé le cadre du travail élaboré par votre Commission et que j'ai été chargé par celle-ci de vous soumettre.

Nous avons adopté, dans nos propositions de classement, la division par arrondissement de sous-préfecture. C'est la plus simple et en même temps la plus conforme au caractère administratif de la mesure qu'il s'agit de préparer (1).

ARRONDISSEMENT DE LIMOGES.

VILLE DE LIMOGES.

Cathédrale.

Jubé de la Renaissance en pierre calcaire (1533-1534), auteur inconnu. Bas-reliefs : les travaux d'Hercule et motifs d'ornementation; statues et sculptures décoratives (Desmarest : *Ephémérides de la généralité de Limoges*, Limoges, Martial Barbou, 1765, p. 136. — Tripon : *Historique monumental du Limousin*, Paris, Derebergue, 1836 ; *Album*, planche sans numéro. — *Bulletin de la Société archéologique et historique du Limousin*, t. XXVI, p. 13. — Arbellot : *La cathédrale de Limoges*, Paris, R. Haton, 1883, p. 95. — Collection de photographies, publiées par MM. Baylac et Bonneau, Limoges, 1872-1874. — Surmoulage au musée du Trocadéro).

Tombeau de Raynaud de La Porte, cardinal, ancien évêque de Limoges : première moitié du xive siècle (Tripon : *Historique monumental*, sans numéro. — *Bulletin de la Société arch.*, t. XI, p. 191. Allou : *Monuments de la Haute-Vienne*, p. 256, 257. — Arbellot : *Cathédrale*, p. 111).

(1) A la liste ci-après, la mention de chaque objet est accompagnée, lorsqu'il y a lieu, d'indications bibliographiques et iconographiques destinées à faciliter la vérification et les études.

Tombeau de Bernard Brun, évêque du Puy et de Noyon (milieu du xive siècle) (Tripon : *Historique monumental.* — Allou : *Monuments*, p. 256, 257. — *Bull. Soc. arch.*, t. I, p. 39, pl. III. J. Gailhabaud : *L'architecture du ve au xvie siècle*, Paris, Baudry, 1851, 18e livraison. — Arbellot : *Cathédrale*, p. 114).

Tombeau de Jean de Langeac, évêque de Limoges, avec bas-reliefs reproduisant des scènes de l'Apocalypse, etc. (1544) (*Annales archéologiques de Didron*, t. XVI, p. 164 : notice de l'abbé Texier et dessin de Gaucherel. — Dessins donnés par Viollet Le Duc, par le *Magasin pittoresque*, par Tripon, etc. — *Bull. de la Société archéologique*, t. I, p. 39, pl. IV; t. IV, p. 186, 194, et t. XVIII, p. 32, 39. — Allou : *Monuments*, p. 254. — Arbellot : *Cathédrale*, p. 120).

Dalles funéraires des xive et xve siècles, en divers endroits (*Manuel d'Épigraphie*, de l'abbé Texier, p. 197, 206, 222, 223, 224. 231, 236, 241, 246. — Arbellot : *Cathédrale*, p. 221).

Lapidation de saint Etienne, groupe en pierre, xive siècle, au chevet (Arbellot, p. 200.)

Statue de saint Martial, en pierre, xive siècle, au chevet. (Surmoulage au Trocadéro. — Arbellot, p. 200).

Encadrement sculpté de l'ancien sépulcre, xve siècle, auprès de l'entrée de la sacristie. (Arbellot, p. 179).

Vanteaux en bois sculpté de la porte, portail Saint-Jean, vers 1530. (Arbellot, p, 205).

Peintures murales de la crypte (xie siècle et suivants), en mauvais état : Jésus-Christ et la Madeleine, etc. (Arbellot, p. 209).

Restes de peintures murales dans l'église : légende de la Vierge et légende de sainte Catherine, xve siècle, dans les chapelles de l'abside, au nord du chœur. (Arbellot, p. 161, 202, etc.)

Vitraux du fond de l'abside, fenêtres supérieures, deux vitraux du xive siècle : saint Martial et sainte Valérie, — l'Annonciation (chromolithographie du premier donnée dans l'*Hist. de la peinture sur verre*, de M. de Lasteyrie. — Texier : *Hist. de la peinture sur verre*, p. 35. — Dessin à l'*Art rétrospectif à l'Exposition de Limoges de 1886*, par L. Guibert et J. Tixier, Limoges, Ducourtieux, 1888, pl. LXXX. — Arbellot : *Cathédrale*, p. 197).

Canons d'autel, émaux de Nicolas I Laudin. Dix pièces en trois tableaux, xviie siècle (*Catalogue de l'Exposition de Limoges*, **Emaux peints**, n°s 102, 103, 104. — Mieusement : *Album de l'Exposition rétrospective de Limoges*, 1886, pl. XXXVIII, XXXIX, XL, XLI, XLII. — Louis Bourdery : *Les émaux peints à l'Exposition rétrospective de Limoges*, Ducourtieux, 1888, p. 121 et suiv. — *Bull. Société arch.*, t. XXVI, p. 151. — Arbellot : *Cathédrale*, p. 216. — Guibert et Tixier : *Art rétrospectif*, pl. LXXVI).

Baisers de paix, émaux montés en argent (*Catalogue de l'Exp. de Limoges*, Emaux peints, n° 4. — Bourdery : *Les émaux peints*, p. 21).

Lutrin en fer forgé, à têtes de lion, xiii° siècle.

Mise au tombeau, tableau de l'école espagnole, de la fin du xvi° ou du commencement du xvii° siècle.

La lapidation de saint Etienne, tableau moderne, transsept sud.

Eglise de Saint-Pierre-du-Queyroix.

Rétable en bois sculpté, provenant de l'ancien collège des Jésuites de Limoges, xvii° siècle.

Statue en albâtre de la sainte Vierge, xiv° siècle.

Cloche portant la date de 1419.

Vitrail du xvi° siècle : la Mort et le Couronnement de la sainte Vierge, par Pénicaud (*Bull. Soc. archéol.*, t. I, p. 238 et t. XVII, p. 44. — Texier : *Hist. de la peinture sur verre en Limousin*, p. 80).

Vitrail moderne, de Maréchal, d'après le carton de Gustave Doré : *Duc in altum!* (*Bull. de la Société archéologique du Limousin*, t. XXIII, p. 312, article de M. Alf. Chapoulaud).

Eglise de Saint-Michel-des-Lions.

Trois lions en granit paraissant remonter à une époque reculée du moyen-âge. L'un d'eux a servi de siège (Dissertation manuscrite de l'abbé Legros, au Séminaire de Limoges. — Duroux : *Sénatorerie de Limoges*, Limoges, Martial Ardant, 1811, p. 40 et suiv. 195, etc., et figures 1 et 2. — Tripon : *Historique monumental du Limousin*, pl. n° 5. — Allou : *Description des monuments de la Hte-Vienne*, p. 223).

Petit reliquaire d'argent doré à tige, avec inscription, surmonté d'une statuette de la Vierge, provenant du trésor de Grandmont, xiii° siècle (Texier : *Dictionnaire d'orfèvrerie*, col. 894. — *Catalogue de l'Exposition de Limoges*, orfévrerie, n° 64. — Mieusement : *Album*, pl. XII. — L. Palustre et X. Barbier de Montault : *Orfévrerie et Emaillerie limousines*, Paris, Picard, 1887, pl. XVII. — Guibert et Tixier, *Art rétrospectif*, pl. LX).

Vitraux du xv° siècle à l'extrémité des deux nefs latérales : Scènes de la vie de la sainte Vierge et de celle de saint Jean (*Bull. Soc. archéologique*, t. I, p. 209 et t. XVII, p. 45. — Texier : *Hist. de la peinture sur verre*, p. 41.)

Eglise de Sainte-Marie.

Grand rétable en bois sculpté, style Louis XIV, provenant de l'ancien séminaire des Ordinands.

Tableau du maître-autel : la Présentation, de Jacques Restout, provenant également des Ordinands.

Chapelle du Lycée.

Tableau longtemps attribué à Rubens : l'Assomption.

Chapelle de l'Hôpital.

Rétable en bois sculpté, de Martin Bellet, sculpteur limousin, XVIIe siècle.

Calice en vermeil ciselé, repoussé et gravé, avec petits médaillons d'émaux peints. Commencement du XVIe siècle (Gay, *Glossaire archéologique*, p. 254. — *Catal. de l'Exposition de Lim.*, Orfèvrerie, n° 87. — Mieusement : *Album*, pl. XXV. — Palustre et Barbier de Montault, pl. XXX. — Guibert et Tixier : *Art rétrospectif*, pl. LIII).

Musée national Adrien Dubouché.

Nous laissons à l'administration du Musée le soin de signaler, parmi les objets confiés à sa garde, ceux qui lui paraîtront devoir figurer dans la nomenclature des objets à classer. Nous nous bornerons à mentionner d'une façon toute spéciale

1° Dans la collection d'objets d'orfèvrerie ancienne et d'émaux peints :

Un coffret aux saintes huiles, de travail limousin, avec les figures du Christ, de la Vierge et des apôtres, et des anges en cuivre gravé, sur fond d'émaux champlevés, XIIIe siècle (*Catal. de l'Exp.*, Orfèvrerie, n° 22. — Mieusement : *Album*, pl. IX. — Palustre et Barbier de Montault, pl. X. — Guibert et Tixier, pl. XLI).

Un écusson en cuivre repoussé, représentant les armoiries de Limoges (commencement du XVIe siècle), provenant de l'ancien hôtel de ville (?), racheté à la vente de Théis et donné par Mme de Saint-Cricq (*Catalogue*, Orfèvrerie, n° 77. — Mieusement, *Album*, frontispice. — Guibert et Tixier, pl. LII).

L'Adoration des Mages, émail peint, atelier des Pénicaud (?), fin du XVe ou premières années du XVIe siècle (*Catalogue*, Emaux peints, n° 14.— Mieusement, pl. XXX.— L. Bourdery : *les Emaux peints à l'Exposition de Limoges*, p. 12 et 13. — Guibert et Tixier, pl. LX).

L'ensevelissement du Christ, émail peint (atelier des Pénicaud ou plus probablement atelier « Montvaerni »), fin du xv⁰ ou commencement du xvi⁰ siècle, provenant de la succession A. Fournier (*Catal. de l'Exp.*, Emaux peints, n° 13. — Mieusement, pl. XXIX. — L. Bourdery, p. 16, 17. — L'abbé Lecler : *les Mises au tombeau, Bull. de la Soc. arch. et hist. du Lim.*, t. XXXV, p. 511. — Guibert et Tixier, pl. LXI).

Jésus au milieu des docteurs, émail peint, xvi⁰ siècle, qui peut être avec certitude attribué à Léonard I Limosin (*Catal. de l'Exp.*, Emaux peints, n° 33. — L. Bourdery, p. 48, 49).

Hélène, émail peint, avec les armes et la devise de Jean de Langeac, évêque de Limoges, mort en 1541 (*Catalogue*, Emaux peints, n° 35. — L. Bourdery p. 49, 50. — Guibert et Tixier, pl. LVII.)

Fécondité, émail peint de François II Limosin (?) (*Catalogue*, Emaux peints, p. 52. — L. Bourdery, p. 75. — Guibert et Tixier, LXXIII.)

Deux assiettes émaillées, de Pierre Courteys (*Catalogue*, Emaux peints, n°⁰ˢ 45 et 46. — L. Bourdery, p. 83 et 84.)

M. de Verthamont présentant une supplique à saint Martial, grand émail peint de Léonard II Limosin (Tripon, *Historique monumental*, planche sans numéro. — *Catalogue*, Emaux peints, n° 70. — Mieusement, pl. XXXVII. — L. Bourdery, p. 67, 68. — Guibert et Tixier, pl. LXXV).

Baiser de paix. La descente du Saint-Esprit, grisaille signée de P. Nouailhier, 1682. (*Catalogue*, Emaux peints, n° 325.) — L. Bourdery, p. 191 et planche).

2⁰ Nous signalerons parmi les tableaux :

Une peinture sur bois, la seule connue de l'émailleur Léonard I Limosin : *l'Incrédulité de saint Thomas*, provenant de l'église de Saint-Pierre (*Catalogue de l'Exposition de Limoges*, peinture, n° 202.) — L. Guibert et J. Tixier, LXIX);

Un portrait de Mme de Pompadour, par Nattier;

Les vendanges, par Troyon ;

Carton de Léonard Limosin : portrait d'Anne de Montmorency.

3⁰ Tapisserie, L'Assomption, fabriquée pour une confrérie de Limoges et paraissant avoir été exécutée dans cette ville. (*Catalogue*, tapisseries, n° 11. *Bull. de la Société archéologique*, t. XXXV, p. 553, article de M. C. Marbouty).

4⁰ Parmi les sculptures et antiquités diverses, il faut noter :

Torse d'un Jupiter en granit, provenant de Juvé, près La Roche-L'Abeille.

Le cippe funéraire du grammairien Blæsianus, Biturige. (Texier, *Manuel d'Epigraphie*, Poitiers, Dupré, 1851, p. 82. — Duroux, *Sénatorerie*, fig. 9).

Celui de Pœtus Pœtinus, décurion des Aulerques. (Texier, *Manuel*, p. 77);

Un sphinx en granit, trouvé à Bessines. (Allou, *Monuments de la Haute-Vienne*, p. 305);

Sculptures provenant du portail de l'abbaye de Notre-Dame de la Règle à Limoges, xie ou xiie siècle. — (Roland (?), notice de M. le chanoine Arbellot);

Une plaque de marbre avec inscription, xie siècle, provenant du tombeau de saint Martial. (Allou, *Monuments*, p. 251. — Texier, *Manuel*, p. 118);

Le Bon Mariage, monument funéraire, xve siècle, provenant de l'abbaye de Saint-Martin-lès-Limoges (Texier, *le Bon mariage*, 1840, plaquette in-4°. — Dessin dans le *Magasin pittoresque*, et au *Bull. Soc. archéologique*, t. I, p. 38 et pl. II).

Archives départementales.

Il appartient également à M. l'Archiviste du département de la Haute-Vienne de signaler les pièces ayant un intérêt archéologique ou un caractère historique qui y fasse attacher un prix exceptionnel. Nous nous bornerons à dire que ce dépôt, outre huit diplômes ou chartes du ixe siècle, renferme un grand nombre de pièces intéressantes.

Nous appelons l'attention du ministère sur cet intéressant dépôt qui est, du reste, en ce moment, confié à d'excellentes mains.

Archives de l'Hôtel-de-Ville.

Ancien cartulaire du Consulat du Château de Limoges (1208-1635). Nombreux textes romans; plusieurs versions successives des Coutumes de la ville, forléaux, etc., — quatre miniatures; in-4° parchemin (217 f^{os}) et papier (22 f^{os}). (*Inventaire des Archives communales de Limoges*, AA^1 — A. Leymarie et Arnoul : *Le Limousin historique* (passim) — *Bull. Soc. Arch. et hist. du Limousin*, t. XXXV, p. 73. art. Ducourtieux.)

Quatre registres des actes et délibérations de l'administration municipale, dits *Registres consulaires*, 1508-1791. — In fol. papier : 470, 239, 411 et 185 feuillets (*Inventaire des Archives communales de Limoges*, BB 1, 2, 3 et 4). — En cours de publication. Le premier et le second de ces registres ont paru ; le premier volume du troisième est sous presse.

Registre de Recepte et de mise de la Confrérie de la Fête-Dieu à Saint-Pierre, in-fol., 257 feuillets parchemin : nombreuses miniatures dont plusieurs dues à des émailleurs célèbres, reproduisant les objets achetés pour la chapelle de la Confrérie, 1551-1691. (*Inventaire des archives communales de Limoges*, GG, 204.— Guibert et Tixier, p. 44 et pl. XIX, XX et XXI.— *Bull. de la Soc. archéologique*, t. XXXV, p. 88, article Ducourtieux. — Barbier de Montault: (*Inventaires et comptes de la Confrérie du Saint-Sacrement*, ap. *Bull. de la Soc. archéologique*, t. XXXV, p. 138.)

Bibliothèque communale.

OEuvres diverses de Saint-Jérôme, Eusèbe, Isidore de Séville, etc. — Manuscrit du xii° siècle, in-4°, 186 feuillets parchemin. (Catalogue des manuscrits de la Bibliothèque, n° 1.) Ce volume a appartenu à l'historien Bernard Gui.

Ancien et Nouveau Testaments, texte latin, belles lettres enluminées, manuscrit du xiii° siècle, 2 volumes in-folio, de 224 et 192 feuillets parchemin, — lacérés. (Catalogue des manuscrits de la Bibliothèque, n° 3.)

Graduel du xiii° siècle, provenant vraisemblablement du monastère de Sainte-Croix de Poitiers et ayant appartenu au Chapitre de Saint-Junien. Renferme de nombreuses séquences et plusieurs Kyrie, Epîtres, Sanctus, Agnus, etc., farcis en latin ou en français. Riches enluminures. Petit in-4°, 304 feuillets parchemin (Notice de M. L. Guibert au *Bulletin historique et philologique du Comité des Travaux historiques*, Année 1888, p. 315.— Guibert et Tixier, p. 38, 39 et planche XIV, XV, XVI, XVII. — Catalogue des manuscrits de la Bibliothèque, n° 2.)

Registre d'Aymeric et de Gérald Tarneau, notaires à Pierrebuffière (première moitié du xv° siècle), contenant une intéressante chronique de 1423 à 1438, 58 feuillets papier de 280 mill. sur 147. (Catalogue manuscrit de la Bibliothèque, n° 6.) — Chronique publiée par M. A. Leroux, *Chartes, Chroniques* et *Mémoriaux*, p. 203 et suivantes.

Manuscrit des *Annales françaises de Limoges*, dit *manuscrit de 1638*, petit in-folio, papier, 215 feuillets (publié par MM. E. Ruben, F. Achard et P. Ducourtieux, Limoges, Ducourtieux, 1872.— Catalogue manuscrit de la Bibliothèque, n° 21).

Archives de l'hôpital.

Registre des rentes et statuts de la Confrérie de Notre-Dame-

— 16 —

du-Puy (1425, xvie siècle) in-4°, 38 feuillets papier (*Inventaire des Archives hospitalières*, II, H 5).

Terrier des revenus et statuts de la même Confrérie (1508-xviie siècle) in-folio, 103 feuillets parchemin (*Inventaire*, II, H 8).

Comptes et statuts de la Confrérie de Notre-Dame La Joyeuse ou des Pastoureaux (1564-1647), in-4° de 292 feuillets papier. (*Inventaire*, VI, E 1.)

Registre des rentes et Statuts de la Confrérie des Pauvres à vêtir (1380, xve siècle), in-8°, 69 feuillets parchemin (*Invent.*, VIII, B 9).

Registre des rentes et statuts de la même Confrérie (1380, xve siècle), in-folio, de 180 feuillets papier (*Invent.*, VIII, B. 10).

Terrier de la Confrérie des Pauvres à vêtir (1535-1683), in-fol., 151 feuillets, un dessin et une grande enluminure du xvie siècle (*Inventaire des Archives hospitalières*, VIII, B 3. — Guibert et Tixier : *l'Art rétrospectif*, p. 43, pl. XVIII.

Lion de pierre engagé dans une maison du Portail-Imbert, formant saillie sur la voie publique, et paraissant avoir servi de borne de juridiction à une époque reculée du moyen-âge (Duroux : *Sénatorerie*, p. 42 et figure 3. — Tripon, pl. n° 5).

Cippe funéraire placé derrière le chevet de la Cathédrale (Duroux, *Sénatorerie de Limoges*, planche n° 10. — Texier, *Manuel d'Epigraphie*, p. 87).

Borne milliaire devant la porte du Séminaire.

Statue de Jourdan, par Elias Robert, sur la place Jourdan.

AIXE-SUR-VIENNE.

Eglise paroissiale. — Petite châsse de cuivre avec décor d'émaux champlevés. Le Christ en croix, la Vierge et saint Jean d'un côté; de l'autre, une *Majestas Domini* entre deux anges (*Catalogue de l'Exposition*, Orfévrerie, n° 19.)

AMBAZAC.

Eglise paroissiale. — Grande fierte en cuivre repoussé et ciselé, avec décor d'émaux champlevés. Nombreuses pierreries, intailles, etc. Forme adoptée généralement dans le pays, mais avec une grande richesse de détails; soubassement; crête gravée et ajourée — fin du xiie ou commencement du xiiie siècle. Hauteur totale : 0^m,631; longueur : 0^m,735 (Texier : *Dictionnaire d'orfévrerie*, col. 98 et planches : Châsses, fig. 1. — Séré, *Moyen-âge et Renaissance*, chromolith.— Labarte : *Hist. de l'orfévrerie*. — Victor Gay : *Glossaire archéologique*, p. 341. — *Catalogue de l'Exposition*, Orfévrerie, n° 13.— Mieusement, pl. II, III et IV.— Palustre et Barbier de Montault, pl. IV, V, VI. — Louis Guibert : *L'orfévrerie et les émaux d'orfèvre à l'Exposition*, p. 35, et *l'Ecole monastique d'orfévrerie de Grandmont*, p. 22. — Guibert et Tixier, pl. XXVI)).

Dalmatique brodée en soie, donnée à Saint-Etienne-de-Muret, fondateur de l'ordre de Grandmont, par l'impératrice Mathilde, vers 1120 (Texier : *Dictionnaire d'orfévrerie*, col. 902. — *Bulletin de la Soc. arch.*, t. XXXV, article C. Marbouty.

SAINTE-ANNE-SAINT-PRIEST.

Eglise paroissiale. — Tombeau sculpté d'un chevalier de Saint-Jean de Jérusalem, xiv° siècle, à l'extérieur de l'église.

AUGNE.

Eglise paroissiale. — Vitraux du xv° siècle : *l'Annonciation* et *l'Adoration*.

AUREIL.

Eglise paroissiale. — Pierre tombale de Guillaume de Plaisance, second prieur d'Aureil, xii° siècle (Texier, *Manuel d'épigraphie*, p. 141).

LES BILLANGES.

Eglise paroissiale. — Statuette de saint Etienne de Muret, en cuivre ciselé et gravé, ayant servi de reliquaire et montée sur un pied de croix émaillé à guivres. Trésor de Grandmont, xiii° siècle (*Annales archéologiques de Didron*, t. XIII, p. 323, article de l'abbé Texier et dessin de Gaucherel, et XIX, p. 28. — Texier, *Dictionnaire d'orfévrerie*, col. 892, et *Reliq*. fig. 3 et *Bull. Société archéol.*, t. IV, p. 307. — L. Guibert : l'*Orfévrerie et les orfèvres de Limoges*, p. 34 et pl. II. — *Catalogue de l'Exposition*, Orfévrerie, n° 24.— Mieusement, pl. XVIII et XVIII bis. — Palustre et Barbier de Montault, pl. XXIV. — Guibert et Tixier, pl. XXXIX).

Bras reliquaire en argent martelé, orné de pierreries, xiii° siècle, provenant de l'abbaye de Grandmont.

BOISSEUIL.

Eglise paroissiale. — Vierge en faïence, de grande dimension, 80 centimètres environ, xviii° siècle.

EYMOUTIERS.

Eglise paroissiale (ancienne collégiale). — Vitraux du xve siècle : quinze verrières (L'abbé Arbellot : *Revue archéologique de la Haute-Vienne, Guide du voyageur*, p. 146. — L'abbé Texier : *Hist. de la peinture sur verre en Limousin*, p. 51 à 59. — *Bull. Soc. archéol.*, t. I, p. 221).

Croix reliquaire en filigrane à double traverse, en argent doré, avec face postérieure au repoussé. Riche décor, pierreries et intailles, xiiie siècle, trésor de Grandmont (*Catalogue*, Orfévrerie, n° 47. — Mieusement, pl. XIII et XIV. — Palustre et Barbier de Montault, pl. XV).

Reliquaire cylindrique vertical, avec pinacles et contreforts ; médaillons à figures d'animaux, cuivre ciselé et gravé, xive siècle (*Catalogue*, Orfévrerie, 59).

Ostensoir reliquaire à pignon, cuivre ciselé et gravé. Pied orné de médaillons représentant des anges et des fleurs de lis, xive siècle (*Catalogue*, Orfévrerie, 60. — Mieusement, pl. XV. — Guibert et Tixier, pl. XLVI).

SAINT-HILAIRE-BONNEVAL.

Epitaphe de Pierre Grilli, curé, 1272, sur un contrefort de l'église (Texier, *Epigraphie*, p. 194).

ISLE.

Eglise paroissiale. — Reliquaire en cuivre gravé, en forme de diptyque, provenant du trésor de Grandmont, xiiie siècle (Texier, *Epigraphie*, p. 198).

LAURIÈRE.

Église paroissiale. — Petite châsse en cuivre, décorée d'émaux champlevés, représentant saint Pierre crucifié la tête en bas.

Custode à pied, d'une forme assez élégante.

NEDDE.

Eglise paroissiale. — Pantures et verroux de la porte de l'église.

SAINT-LÉONARD.

Eglise paroissiale (ancienne collégiale). — Rétable de l'autel de Saint-Joseph, en albâtre, xive ou xve siècle : La Sainte Trinité et quatre scènes de la vie de la Sainte Vierge.

Vierge en granit, sculpture du xiii° siècle.
Christ en cuivre ciselé attaché à une croix de bois (xv° siècle).
Stalles en bois sculpté (xv° siècle).
Archives municipales. — Un bréviaire du xiv° siècle et un manuscrit du *Liber de claustro animæ*, de Guillaume d'Auvergne, évêque de Paris.

SAINT-MARTIN-TERRESSUS.

Eglise paroissiale. — Rétable Louis XIII, en bois sculpté.
Tombe d'un chevalier (xv° siècle).

SAINT-PRIEST-TAURION.

Eglise paroissiale. — Croix processionnelle à double traverse, décorée de cabochons et d'intailles. Cuivre gravé. Pied de cuivre ciselé et gravé, émaux champlevés (*Catalogue*, Orfévrerie, n° 46).

SAINT-SYLVESTRE.

Eglise paroissiale. — Tête en argent repoussé, représentant saint Etienne de Muret, donnée à l'abbaye de Grandmont par le cardinal Briçonnet, abbé général, avec le buste émaillé, qui a disparu depuis la Révolution — fin du xv° siècle — (Texier: *Dictionnaire d'orfévrerie*, col. 891. — *Catalogue Exposition*, Orfévrerie, n° 30. — Mieusement, *Album*, pl. XXIV; Palustre et Barbier de Montault, pl. XXIV. — Guibert et Tixier, p. 62 et pl. LI. — L. Guibert, *l'Orfévrerie à l'Exposition*, p. 50. — Surmoulage au Musée des arts décoratifs, à Paris).
Reliquaire en forme de cylindre vertical, à monture filigranée. Inscription autour du pied, xiii° siècle : provient de Grandmont (Texier, *Epigraphie*, p. 180, et *Dictionnaire d'orfévrerie*, col. 900 et 1213 et Reliquaires, fig. 6. — *Annales archéologiques*, t. X, p. 35, et XIX, p. 34. — *Catalogue*, Orfévrerie 57, — Palustre et Barbier de Montault, pl. XVI.— Mieusement, pl. XVIII).

SOLIGNAC.

Eglise paroissiale (ancienne abbatiale). — Garniture complète de stalles en bois sculpté, xv° siècle.
Boiserie intéressante du xvi° siècle, employée pour l'exposition des reliques.

Restes de verrières du xv⁰ siècle, dont quatre complètement restaurées (L'abbé Texier : *Peinture sur verre*, p. 50; *Bull. de la Soc. arch. du Limousin*, t. I, p. 220.— *Catalogue de l'Exposition de Limoges*, Vitraux et céramique, n° 108. — L. Guibert et Tixier : l'*Art rétrospectif*, pl. LXXXI. — L. Moufle : *Les vitraux et la céramique à l'Exposition*).

Débris ajustés d'une châsse en cuivre, décor d'émaux champlevés. Martyre d'une sainte, xiii⁰ siècle (*Catalogue*, Orfévrerie, n° 17; Mieusement, pl. VII.

LE VIGEN.

Eglise paroissiale. — Bras reliquaire.

ARRONDISSEMENT DE BELLAC

ARNAC-LA-POSTE

Eglise paroissiale. — Reliquaire en cuivre doré, décoré de filigranes, de pierreries et d'intailles et formé d'un pied à six lobes avec nœud surmonté d'un plateau qui supporte six flacons de cristal de formes diverses, disposés autour d'un septième plus élevé (*Catalogue de l'Exposition*, Orfévrerie, n° 26. — Mieusement, *Album*, pl. X.—Palustre et Barbier de Montault, pl. XXI.—Guibert et Tixier, pl. XXXVIII).

BALLEDENT.

Eglise paroissiale. — Reliquaire à pied en forme de quatrefeuilles formant la croix, en cuivre doré, avec une image en ivoire de la sainte Vierge (Texier, *Dictionnaire d'orfévrerie et Reliquaires*, fig. 5 et col: 889).

SAINT-BARBANT.

Eglise paroissiale. — Fer à hosties du xiii⁰ siècle (Texier, *Dictionnaire d'orfévrerie*, p. 306. — Barbier de Montault *ap. Bull. Soc. arch.*, t. XXXV, p. 268).

BELLAC.

Eglise paroissiale. — Châsse en cuivre gravé, avec intailles, médaillons d'émaux champlevés de style barbare, fin du xi⁰ ou com mencement du xii° siècle (*Catalogue de l'Exposition*, Orfévrerie, n° 4. — Mieusement, *Album*, pl. I. — Palustre et Barbier de Montault, pl. X, XI, XVI de l'intr. et pl. I et II. — Guibert et Tixier : p. 53, 54, pl. XXIII. — Guibert, l'*Orfévrerie à l'Exposition*, p. 27).

Monument funéraire dit le « tombeau du Cardinal », sculptures du xv° siècle (?) dans la sacristie de l'église.

Tribunal. — Tableau de C. P. Larivière, exécuté en 1862 (Crucifix).

BERNEUIL.

Porche de l'église paroissiale. — Pierre sculptée de granit ayant à peu près la forme d'un prie-Dieu, et offrant quelques figures qui paraissent antiques (Allou, *Description des monuments*, p. 311).

BREUIL-AU-FA.

Eglise paroissiale. — Statue de la Vierge tenant l'enfant Jésus, feuilles de cuivre repoussé et gravé sur une âme en bois (*Catalogue de l'Exposition*, Orfévrerie, n° 34. — Mieusement, *Album*, pl. XX. — Palustre et Barbier de Montault, XXIII. — Guibert et Tixier, pl. XXXIII).

LE BUIS.

Pierre funéraire antique, avec inscriptions, au village du Pissaud.

BUSSIÈRE-POITEVINE.

Eglise paroissiale. — Fer à hosties du xiii° siècle (Barbier de Montault : ap. *Bull. Société arch.*, t. XXXV, p. 266).

CHATEAUPONSAC.

Eglise paroissiale. — Fer à hosties du xiii° ou du xiv° siècle (*Catalogue*, Orfévrerie, n° 69. — Mieusement, *Album*, pl. XXVII. — X. Barbier de Montault : *Le fer à hosties de Châteauponsac et les fers du Limousin*.

Reliquaire dit de Saint-Cernin ou de Tous les Saints, provenant du trésor de Grandmont. Edicule à clochetons supportant un flacon de cristal surmonté d'un bouchon de cuivre à feuillage et à pomme de pin. Pied de cuivre gravé, orné de filigranes, de pierreries, d'intailles et de boutons d'émaux cloisonnés. Nœud en cuivre ciselé à jour. Inscription gravée sous le pied, xiii° siècle. Provient de Grandmont (*Annales archéologiques*, t. XIII, p. 326, article Texier, et XIX, p. 37. — Texier : *Epigraphie*, p. 170, et *Dictionnaire d'orfévrerie*, fig. 7, col. 894 et suiv. — *Catalogue de l'Exposition de Limoges*, Orfèvrerie, 23. — Mieusement, *Album*, pl. X. — Palustre et Barbier de Montault, pl. XX. — L. Guibert et Tixier, pl. XXXVII).

Inscriptions romaines sur des pierres employées dans la maçonnerie du pont (Allou, *Monuments*, p. 312. — Texier, *Manuel d'Epigraphie*, p. 101 et suiv.).

LE DORAT.

Eglise paroissiale (ancienne collégiale). — Bénitier en granit avec deux animaux adossés au devant, ayant servi pour le baptême par immersion, xii° siècle (Allou, *Monuments de la Haute-Vienne*, p. 330).

Ange en cuivre doré, de très grandes dimensions, surmontant la flèche (Texier, *Notice sur la ville du Dorat*).

Croix reliquaire à double traverse, décorée de filigranes d'argent doré, ornée de pierreries et d'intailles, xiii° siècle (*Bulletin monumental*, t. XLVIII, p. 385. — *Catalogue de l'Exposition*, Orfévrerie, n° 45. — Palustre et Barbier de Montault, pl. XIV).

SAINT-GEORGES-DES-LANDES.

Eglise paroissiale. — Reliquaire formé d'une burette montée sur une tige avec nœud orné de turquoises. Pied de cuivre gravé et repoussé, xiii° siècle (*Annales archéologiques*, t. XX, p. 125, article de l'abbé Texier, dessin de Gaucherel. — *Catalogue de l'Exposition*, Orfèvrerie, n° 27. — Mieusement, *Album*, pl. XII).

JOUAC.

Chapelle de la section ou village de Ménussac. — Croix en cuivre émaillé de 41 centimètres de long et 25 centimètres de large, avec la figure du Christ, les symboles des évangélistes et diverses figures — xiii° siècle (?).

SAINT-LÉGER-MAGNAZEIX.

Eglise paroissiale. — Fer à hosties du xv° siècle (Barbier de Montault, ap. *Bull. de la Société arch.*, t. XXXV, p. 266 et dessin).

MAILHAC.

Eglise paroissiale. — Fer à hosties d'un type fort rare (dix-huit formules), XIIIe ou XIVe siècle (*Catalogue de l'Exposition*, Orfévrerie et Métaux, 67. — Mieusement, *Album*, XXVII. — Barbier de Montault, *ap. Bull, Soc. arch.*, t. XXXV, p. 268).

Bras reliquaire, en argent martelé et gravé, milieu du XVIIe siècle, provient du trésor de Grandmont (*Catalogue de l'Exposition*, Orfévrerie, 105. — Mieusement, pl. XXVI).

RANCON.

Halle. — Inscription romaine sur un des piliers (Allou, *Monuments de la Haute-Vienne*, p. 312, 313. — Texier, *Manuel d'Epigraphie*, p. 101).

SAINT-SULPICE-LES-FEUILLES.

Eglise paroissiale. — Ange byzantin en cuivre ciselé, avec ailes émaillées où l'on peut constater l'emploi simultané du cloisonné et du champlevé, XIe ou XIIe siècle, provenant du trésor de Grandmont (*Annales archéologiques*, t. XV, p. 285, et XIX, p. 41, article de l'abbé Texier et dessin de Gaucherel. — Texier, *Dictionnaire d'orfévrerie*, col. 901. — *Catalogue de l'Exposition*, Orfévrerie, n° 3. — Mieusement, *Album*, XVII. — Palustre et Barbier de Montault, pl. VII. — Guibert et Tixier, p. 53 et pl. XXIV. — L. Guibert, *l'Orfévrerie à l'Exposition*, p. 21).

Reliquaire de saint Sébastien. Statuette en argent repoussé, placée sur un piedestal décoré de plaques d'émaux peints, les plus anciens à date certaine (ils sont antérieurs à 1496) qu'on connaisse en France. Trésor de Grandmont (Texier, *Dictionnaire d'orfévrerie*, col. 900.— *Catalogue de l'Exposition*, Orfévrerie, 70, et Emaux peints, 21 *bis*. — Guibert et Tixier, pl. LVIII. — L. Bourdery, *les Emaux à l'Exposition*, p. 11).

VAULRY.

Eglise paroissiale. — Statue équestre en pierre calcaire, à l'intérieur de l'église.

ARRONDISSEMENT DE ROCHECHOUART.

CUSSAC.

Eglise paroissiale. — Fer à hosties, xiii° ou xiv° siècle. (*Catalogue de l'Exposition*, orfévrerie et métaux, n° 68. Barbier de Montault, ap. *Bull. Soc. Archéologique*, t. XXXV, p. 267.)

GORRE.

Croix reliquaire à double traverse, décorée de filigranes d'argent doré et d'intailles d'origine orientale, xiii° siècle. (*Bulletin du Comité des Travaux historiques*, notice de M. le comte R. de Lasteyrie, avec dessins, année 1884, p. 487. — Abbé Texier, *Dictionnaire d'orfévrerie*, col. 100 et 822.)

SAINT-JUNIEN.

Eglise paroissiale (ancienne collégiale). — Tombeau de Saint-Junien, pierre calcaire sculptée, derrière le maître autel, xii° siècle. (Tripon, *Historique monumental.* — Allou, *Monuments*, p. 346. — *Bull. Soc. archéologique*, t. I, p. 35, et t. II, p. 30, planches).

Autel avec bas-relief de marbre, provenant de l'abbaye chef d'ordre de Grandmont, xviii° siècle.

Plaque tumulaire en bronze gravé, de Martial Formier, ancien abbé de Saint-Jean-d'Angély, 1513 v. st., 1514 (Texier, *Epigraphie*, 280. — *Catalogue de l'Exposition*, orfévrerie et métaux, n° 75. — Guibert et Tixier, pl. LIV. — Lecler, ap. *Bulletin de la Soc. archéologique*, t. XXXV, p. 519.)

Châsse en cuivre émaillé : Le Christ en croix, avec la Vierge, sainte Madeleine et deux anges ; sur le toit, le Christ glorieux, bénissant, entre deux évangélistes, xiii° siècle. (*Catalogue de l'Exposition*, orfévrerie, n° 12. — Mieusement, *Album*, pl. VII.)

Restes d'un sépulcre à personnages (vers 1500) dans une chapelle basse (Lecler, *op. Bull. de la Soc. archéologique*, t. XXXV, p. 518).

MILHAGUET.

Eglise paroisiale. — Reliquaire, qui a été souvent attribué par erreur à l'église de Marval ou à celle de La Chapelle-Montbrandeix.

Il est formé d'une burette de cristal gravé, très ancienne, avec monture de cuivre ciselé et niellé, et pied de cuivre gravé du xiii° siècle. (*Annales archéologiques*, t. XIX, p. 35 et 155, t. XX, p. 125. — *Catalogue de l'Exposition*, orfévrerie, n° 56. — Mieusement, *Album*, pl. XI. — Palustre et Barbier de Montault, pl. XIX. — Guibert et Tixier, pl. XXXVI.)

ROCHECHOUART.

Château. — Lion de pierre placée dans une niche, à l'extérieur de la tour à laquelle il a donné son nom.

Peintures murales des premières années du xvi° siècle : Cortège, Chasse, Travaux d'Hercule. (*Bull. de la Soc. archéologique*, t. V, p. 215, 262.)

Archives communales. — Registre consulaire (1475 à 1642.) (Extraits publiés par M. Leroux, *Documents historiques concernant la Marche et le Limousin*, t. II, p. 58).

SAINT-VICTURNIEN.

Eglise paroissiale. — Rétable en pierre orné de peintures de la première moitié du xv° siècle : le Calvaire; les Saintes femmes au Tombeau ; scène effacée : Flagellation (?) (Louis Guibert, *Les peintures du rétable de l'église de Saint-Victurnien*, Limoges, Ducourtieux, 1888.)

Petite châsse en cuivre, émaux champlevés parmi lesquels le vert domine : xiii° siècle.

ARRONDISSEMENT DE SAINT-YRIEIX.

LES CARS.

Eglise paroissiale. — Croix reliquaire en argent doré, décorée de filigranes et d'intailles, et montée sur un pied, xviii° siècle (Guibert et Tixier, p. 63 et pl. XLII. — *Bulletin de la Société archéologique et historique du Limousin*, t. XXXV, p. 279; article de M. le chanoine Arbellot et dessin de M. Bourdery).

LE CHALARD.

Eglise paroissiale. — Deux autels anciens, VIIIe (ou IXe) et XIe siècles, dans les chapelles latérales.

Armoire en bois sculpté, à panneaux flamboyants (fin du XVe ou commencement du XVIe siècle).

Châsse en cuivre émaillé de saint Geoffroi. Personnages : le Christ docteur, avec les symboles des Evangélistes, et le Christ juge avec les mêmes symboles. Les Apôtres. Ces plaques ne sont pas à leur place. Il n'en subsiste que sept sur quatorze. La châsse a 56 centimètres de long sur 46 de haut (XIIIe siècle.)

Deux panneaux de cuivre avec peintures représentant sainte Catherine et un docteur de l'église.

FLAVIGNAC.

Section de Texon. — Autel romain en granit, avec attributs et ustensiles sculptés, sur la place du village, devant l'ancienne église paroissiale. (*Bull. Soc. arch.*, t. IV, p. 64).

MAGNAC-BOURG.

Eglise paroissiale. — Vitraux du XVIe siècle, trois baies complètes. (*Bull. Société arch.*, t. I, p. 236. — L'abbé Texier, *De la peinture sur verre*).

MEILHAC.

Eglise paroissiale. — Petite châsse de cuivre émaillé, émaux champlevés (*Catalogue de l'Exposition*, orfévrerie n° 21. — Mieusement, *Album*, pl. VIII).

NEXON.

Eglise paroissiale. — Buste reliquaire de saint Féréol, en cuivre repoussé, ciselé et gravé, avec émaux. Inscription rappelant la date de l'exécution de l'ouvrage, (1346), le nom de l'orfèvre, (Aymeric Chrétien, du château de Limoges), la destination du buste et le nom de la personne qui l'a commandé.

(Gay : *Glossaire archéologique*, p. 357. — *Catalogue de l'Exposition*, orfévrerie, n° 61. — Mieusement, pl. XXII. — Palustre et Barbier de Montault, pl. XXVII. — Guibert et Tixier, pl. XLIII.)

SAINT-YRIEIX.

Eglise paroissiale (ancienne collégiale). — châsse en cuivre émaillé ; seize anges dans des cercles alternativement bleus et rouges, xiii° siècle : forme de tombeau à pieds élevés.

Buste reliquaire en argent de Saint-Yrieix, avec collier orné de filigranes et de cabochons (xiv° siècle).

Colombe eucharistique en mauvais état.

Archives communales. — Manuscrit à miniatures du xii° siècle ; Ancien Testament et partie du Nouveau (jusqu'à l'Epitre aux Colossiens). In-folio parchemin de 376 feuillets. (*Bull. Soc. arch.*, t. III, p. 157).

Là s'arrête notre liste et doit se terminer notre travail. Nous n'avions pas à nous occuper, dans le rapport qui nous était demandé, des objets appartenant aux particuliers. Notre relevé ne comprend donc ni la jolie croix gothique appartenant à la corporation des bouchers et placée au devant de la chapelle de Saint-Aurélien, ni les curieux médaillons du château de Cromières, ni la précieuse collection de manuscrits de MM. les Sulpiciens du séminaire, collection où l'on rencontre, à côté d'épaves de la bibliothèque de l'abbaye de Grandmont, les volumineuses compilations de l'abbé Nadaud et de Legros son continuateur ; — ni les intéressants documents du cabinet de M. Nivet-Fontaubert, parmi lesquels une mention spéciale serait due au plan de Limoges par l'abbé Legros et à la charte de fondation du collège des Jésuites ; — ni le rare ostensoir des dames religieuses de Saint-Alexis, de l'hôpital de Limoges; — ni le panneau émaillé à statuette du cabinet de M. Astaix ; — ni les beaux émaux de M. Taillefer, négociant à Limoges, parmi lesquels on distingue une admirable *Descente de croix*, de Nardon Pénicaud, et deux tableaux de Léonard I Limosin, dont l'un est daté; — ni les six plaques de Jean Pénicaud, représentant des scènes de la vie de Saint-Martial et appartenant à Mme veuve Bardinet, à Limoges ; — ni le grand Calvaire de Jean I Limosin, à Mme veuve Dauriat, de Saint-Junien ; — ni les splendides panneaux des Gobelins, aux armes du cardinal de Rohan, conservés au château de Nexon ; ni la magnifique tapisserie de Flandre qui garnit un des salons du château de Coussac-Bonneval ; — ni les trois spécimens de la plus belle époque de la fabrication d'Aubusson, que M. Georges Lézaud conserve dans son habitation des Vaseix, etc., etc.

Tous ces trésors sont du reste en bonnes mains. Ils ne sortiront pas de notre province où le goût éclairé de nos compatriotes saura, nous l'espérons, accroître ces précieux éléments de l'éducation artistique des classes élevées. Le luxe intelligent de nos jours met une juste fierté à mêler aux chefs d'œuvre de l'art et de l'industrie modernes, quelques excellents spécimens de l'industrie et de l'art anciens. Il faut nous en réjouir : la vogue de ces derniers contribue à assurer la conservation des reliques du passé et à les préserver du sort funeste de tant d'objets précieux perdus à jamais pour l'art et l'érudition.

Louis Guibert.

www.ingramcontent.com/pod-product-compliance
Lightning Source LLC
Chambersburg PA
CBHW062000070426
42451CB00012BA/2292